Comprendre
Marx et *Le Capital*

Denis Collin - Yves Rouvière

Comprendre
Marx et *Le Capital*

Max Milo
COMPRENDRE/ESSAI GRAPHIQUE

1

Parcours d'une vie

Pour comprendre quoi que ce soit à Marx, la première chose à faire est sûrement d'oublier le marxisme, de laisser de côté, au moins provisoirement, tout ce qu'on a dit de l'« économie marxiste », de la « philosophie marxiste », du « matérialisme historique » et du « matérialisme dialectique ». « Moi, je ne suis pas marxiste », s'exclama un jour celui que sa famille et son ami Engels appelaient le « Maure », à cause de son teint mat et aussi de son caractère jaloux. Il y a, certes, le contexte : Marx parlait de ceux qui se disaient « marxistes » en France, Lafargue et Longuet, ses deux gendres, « le dernier bakouniniste et le dernier proudhonien », « la peste les emporte ! » Mais la boutade porte loin. Marx a été englouti sous le marxisme. Un peu comme la statue du dieu que Platon évoque dans le livre X de *La République* : ayant si longtemps séjourné au fond de la mer, la statue de Glaucus ressemblait plus à une bête sauvage qu'à un dieu.

Marx n'est pas un dieu. Il n'est pas immortel – seuls les atomes sont immortels, dit-il à son médecin à Alger. On pourrait oublier cet émigré allemand qui vécut sans le sou en écrivant sur l'argent et le capital et repose aujourd'hui dans le cimetière londonien de Highgate. L'oublier ou le conserver dans un musée de l'âge industriel révolu. Ce M. Marx n'était-il pas un philosophe de l'âge de la machine à vapeur ? Et si les bourgeois de temps à autre jouent à se faire peur en annonçant le retour de Marx, c'est que ce n'est pas si sérieux que ça. Dans les salons, on finit par s'ennuyer. Pourtant, il y a autre chose. On a tous plus ou moins appris quelques éléments de doctrine un peu frustes : les infrastructures déterminent la superstructure, le capitalisme est un système d'exploitation des travailleurs, etc. Mais ces phrases typiques de la langue de bois ne peuvent résumer la pensée de cet homme qui a lu tous les livres et écrit des milliers de pages de son écriture illisible, n'autorisant qu'avec parcimonie la publication des avant-propos, préfaces et autres introductions à cette « critique de l'économie politique » qui l'occupe pendant quarante ans.

Après la mort de sa femme Jenny, née von Westphalen, Marx, dont la santé ne cessait de se dégrader, est envoyé vers le soleil par son médecin. Il va traverser la France en train, puis s'embarquer pour Alger. À son retour, il s'arrête à Cannes, à Monte-Carlo puis chez ses filles près de Paris, chez Laura et chez Jenny qui mourra bientôt d'un cancer. À Alger, il a discuté avec des communards bannis et exilés dans les colonies, des proudhoniens, des fouriéristes, toutes ces variétés du « socialisme utopique » dont il pensait avoir signé l'acte de décès trente-cinq ans auparavant dans le *Manifeste du Parti communiste*. Mais rien n'est jamais terminé. Un fouriériste d'Alger a fait l'éloge d'une communauté qui est aussi une communauté amoureuse, ainsi que Charles Fourier l'avait imaginé quelques décennies plus tôt… L'utopie a la vie dure.

Dans le train qui le ramène de Marseille à Paris puis de Paris à Londres, le « Maure » a le temps de faire le bilan d'une vie dont il sait qu'elle est maintenant à son terme. Y a-t-il un fil directeur, quelque chose qui fasse l'unité de cette vie ? Le fleuve fait des détours, des méandres, mais les fleuves vont tous à la mer. Du jeune homme, qui fréquente les « jeunes hégéliens » à Berlin et écrit une thèse de doctorat sur « la différence de la nature chez Démocrite et Épicure », au vieil homme malade, malade d'avoir été si souvent malade, malade de n'avoir offert à sa famille qu'une vie de privations, malade maintenant de la mort de sa femme, c'est l'histoire d'un des philosophes les plus importants qui se noue. Important par la publicité que reçoivent ses écrits et par leur influence supposée sur le cours de l'histoire mondiale, mais important aussi intrinsèquement : ainsi Michel Henry, philosophe chrétien, inspiré par la phénoménologie de Husserl, critique impitoyable du marxisme, soutient que **Marx est l'un des plus grands philosophes de l'humanité.**

La vie de Marx se confond presque toujours avec l'histoire de la pensée. Et comme chez tous les grands philosophes, on trouve des ruptures, des remaniements, des révisions déchirantes. Inutile d'essayer de tout faire tenir dans un exposé en vingt lignes pour en faire une fiche pour réviser le bac ! On peut cependant trouver un fil directeur, une inspiration qui ne quitte jamais Marx, un mot clé qui permet de comprendre l'ensemble : ***émancipation***. Dans la *Rheinische Zeitung* (« La Gazette rhénane »), en 1842, il commence à définir ses positions politiques et philosophiques propres. Il intervient sur la liberté de la presse, et, surtout, publie un important article consacré à la loi relative aux vols de bois. Partant du vote d'une loi qui interdit le ramassage du bois mort dans les bois – une pratique ancestrale analogue au glanage – Marx entame une critique de la propriété privée et amorce le mouvement qui le conduit au communisme. Il commence à opposer deux droits, le droit des riches et le droit des pauvres. Et prend parti pour le droit des pauvres : « Mais c'est aussi dans son activité que la pauvreté trouve déjà son droit. Dans le ramassage, la classe élémentaire de

«La première liberté de la presse consiste à ne pas être un commerce.» (Karl Marx, 1842)

la société humaine s'affirme comme un facteur d'ordre vis-à-vis des produits de la puissance élémentaire de la nature. » **C'est l'activité des pauvres qui constitue maintenant le facteur d'ordre de la société tout entière. Eux qui**

n'existaient pas dans l'historiographie de l'époque, Marx les tient pour les acteurs majeurs de l'histoire. Plus question de rechercher l'organisation politique conforme à l'idéal : l'essentiel, c'est l'activité pratique des individus, ces hommes qui font librement leur histoire, comme il le dira bientôt. « Philosophie de la praxis » disaient Labriola et Gramsci, la praxis étant l'activité orientée vers la transformation des rapports sociaux et non vers la production de choses.

2

La traversée des apparences

Démocrate radical, Marx reproche aux démocrates de ne pas prendre les choses à la racine, de se contenter de proclamer des droits abstraits, les droits d'un individu égoïste, le membre idéal de la société civile bourgeoise, ou encore cet *homo economicus* dont les économistes d'aujourd'hui font l'atome de la vie sociale et économique. Les révolutions du XVIIIe siècle – l'américaine et la française – avaient proclamé la liberté et l'égalité, mais la liberté se révélait comme la liberté d'exploiter offerte au petit nombre des possédants et la privation de liberté pour l'immense cohorte des prolétaires jetés dans la fournaise du mode de production capitaliste en plein essor. Quant à l'égalité, ce n'est que l'égalité formelle de l'acheteur et du vendeur de force de travail qui entrent en affaire : l'acheteur « prend les devants et, en qualité de capitaliste, marche le premier ; le possesseur de la force de travail le suit par-derrière comme son travailleur à lui ; celui-là le regard narquois, l'air important et affairé ; celui-ci timide, hésitant, rétif, comme quelqu'un qui a porté sa propre peau au marché, et ne peut plus s'attendre qu'à une chose : être tanné ».

Le tour de passe-passe qui fait de la liberté et de l'égalité les alibis de la domination et de l'exploitation doit être exposé. Marx passe sa vie à ce travail : comprendre les ressorts de la domination du capital, de sa puissance, mais aussi quel mouvement réel, pratique, peut abolir cette domination. Et pour cela il faut sortir des discours sur le droit et la morale et regarder ce qui se passe dans la salle des machines, c'est-à-dire là où les hommes produisent et reproduisent les conditions matérielles de leur existence.

Toutes les sociétés humaines connues reposent sur la division du travail et la coopération : c'est la division du travail qui rend possible la coopération et l'augmentation de la productivité du travail, laquelle permet à son tour de nouveaux développements de la division du travail. Si huit hommes suffisent pour produire de quoi en nourrir, habiller et loger dix, les deux derniers pourront s'occuper d'autre chose : administrer les affaires communes du groupe, s'occuper des relations avec les puissances de la nature et avec les dieux, ou encore devenir chefs. Comment sont attribuées les tâches que chacun doit

Liberté, Égalité, Propriété.

accomplir, comment sont répartis les biens produits par la collectivité ? Ça dépend. Dans les sociétés suffisamment restreintes, liées par des liens de sang, on exige de chacun ce qu'il peut et on donne, en gros, à chacun selon ses besoins. Et l'excédent est échangé avec d'autres groupes par le troc ou encore ce système d'échanges raffiné et souvent mal compris qu'est celui du don et du contre-don, analysé par les ethnologues comme Marcel Mauss – on a de bonnes raisons de penser que le don a été longtemps plus important que l'échange marchand dans la formation des liens sociaux. Avec le développement de la production matérielle, l'agriculture et la construction des premières villes apparaît un autre système : les producteurs travaillent indépendamment les uns des autres et proposent les produits de leur travail sur un marché où ils rencontreront ceux qui en ont besoin. Les produits particuliers des travaux humains particuliers commencent à prendre la forme générale de marchandises qui trouvent leur équivalent général dans l'argent ou la monnaie.

Pourquoi la compréhension de la nature de la marchandise est-elle si importante ? Parce qu'elle est la « cellule » de la société capitaliste, c'est-à-dire que s'y concentrent toutes les déterminations qui trouvent leur développement dans les sociétés modernes qui apparaissent à partir de la Renaissance, à tel point que

la richesse et la marchandise sont considérées comme des équivalents. La richesse de nos sociétés apparaît comme une immense accumulation de marchandises ! Ce n'est évidemment pas le cas en réalité. L'air, l'eau, les paysages, les richesses du sol aussi bien que le patrimoine culturel, les traditions sociales sont des biens qui caractérisent la richesse des individus et des nations. Mais l'empire de la marchandise s'est étendu à un degré tel que tout ce qui n'apparaît pas comme marchandise n'est pas considéré comme une richesse ou alors est fictivement converti en marchandise pour l'évaluer.

« Le monde n'est pas une marchandise » clamaient les « altermondialistes ». Pure proclamation ! Le monde, notre monde, est le monde de la marchandise. Confinée d'abord aux marges de la production de la vie matérielle – le paysan ne vendait que ses excédents en vue de se procurer quelques biens durables –, la production marchande a progressivement envahi tous les domaines de la vie, s'est infiltrée dans tous les pores de la société.

La « marchandisation » générale de la vie trouve son apothéose dans la domination de l'argent. **L'argent est l'équivalent général de toutes les marchandises. Par son intermédiaire, toutes les marchandises peuvent**

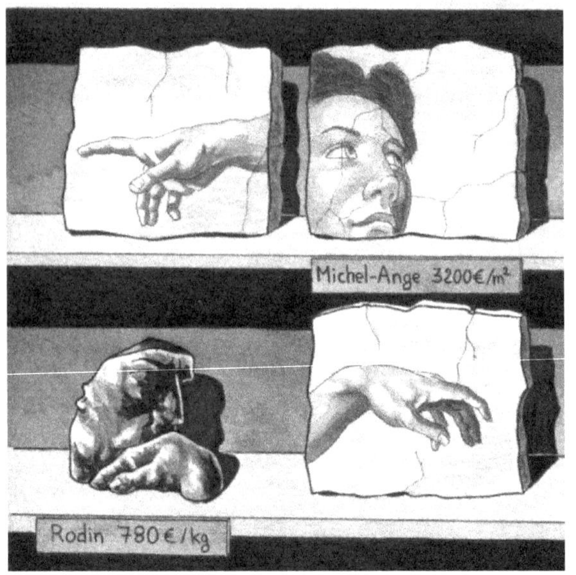

se comparer, se réfléchir les unes dans les autres : une recharge de téléphone mobile et un paquet de cigarettes sont rendus équivalents. **Toutes les différences s'abolissent. Non seulement les choses deviennent égales alors qu'elles sont incommensurables, mais il en va de même des activités humaines : le travail qui produit tel objet d'usage est un travail particulier, concret, qui demande des habiletés et des efforts bien spécifiques.** L'argent, en rendant équivalents tous les produits du travail humain, transforme du même coup tous les travaux humains en un travail général, abstrait. Derrière le monde apparent des étals chatoyants des supermarchés règne l'abstraction. Tous les travaux concrets particuliers qui ont permis de produire le téléphone mobile ou le paquet de cigarettes sont rendus égaux, indifférenciés. La division du travail à l'intérieur de l'entreprise comme dans l'ensemble de la société réduit l'activité productrice à une simple dépense de force de travail et comme les machines rendent souvent superflue la force musculaire, le travail devient une pure dépense de temps.

L'avare traditionnel et le conquistador étaient animés par la « faim sacrée de l'or » (*auri sacra fames*). Le père Grandet, héros balzacien, avait le teint jaune à force de contempler les pièces qu'il avait accumulées. C'est du moins ce qu'affirmaient ses voisins… Mais c'est là un usage pervers de l'argent. L'argent circule et fait circuler. Il fait circuler les marchandises : la marchandise est vendue et l'argent de cette vente, immédiatement ou beaucoup plus tard, sera utilisé pour acheter une autre marchandise. Avec de l'argent, j'achète des marchandises pour les revendre avec des bénéfices. Comme moyen d'échange entre les marchandises, l'argent maintient l'égalité : une bouteille d'alcool ou un exemplaire du *Capital* sont réputés égaux sur le marché dès lors qu'ils s'échangent pour la même somme. Mais quand il circule, l'argent ne demeure pas égal à lui-même. Il doit « faire des petits ». La somme lancée dans la circulation doit grossir. C'est alors et alors seulement que l'argent devient capital.

CETTE GRANDE TRANSFORMATION DES TEMPS MODERNES, MARX LA SALUE COMME IL CONVIENT. Dans le *Manifeste communiste*, son ouvrage le plus vendu, il se livre à une apologie du mode de production capitaliste comme le mode de production révolutionnaire par excellence. Son communisme n'est pas une invention de rêveur nostalgique de l'âge d'or ; il est le développement de tous les possibles qu'ouvre le règne du capital quand il a brisé sans espoir tous les liens de sujétion des sociétés traditionnelles. Et là, il faut dissiper un malentendu. Un énorme malentendu qui interdit de comprendre réellement ce que dit Marx. Dans les caricatures, le capitaliste est souvent représenté avec son habit de riche, son haut-de-forme, et son gros cigare. Il est ventru, volontiers cynique et cruel. Il roule sur l'or parce qu'il affame le peuple. Un journal libertaire des années mille neuf cent comme *L'Assiette au beurre* fait du capitaliste et de ses serviteurs (flics, curés, juges) des prototypes du pervers sadique. La lutte des classes des ouvriers contre les capitalistes serait ainsi une sorte de lutte des bons pauvres contre les méchants riches, lutte éternelle dont le cinéma nous a donné tant de versions. Mais *Le Capital*, ce n'est pas *Les Sept Samouraïs*. **Marx ne s'occupe pas du capitaliste, mais du capital, c'est-à-dire de la gigantesque machinerie sociale qui révolutionne en permanence nos sociétés, une révolution qui n'épargne pas la classe dominante elle-même.**

Comment cette machinerie s'est-elle mise en place ? On en dira quelques mots tout à l'heure. Il suffit pour l'heure d'en connaître la logique. L'échange marchand simple, l'échange « naturel » comme aurait dit Aristote, à qui Marx ne manque jamais de revenir, c'est l'échange d'une marchandise contre une autre marchandise en vue de satisfaire des besoins : je vends ce dont je n'ai pas besoin, mais qui doit satisfaire le besoin d'un autre (qui satisfait ainsi son besoin par mon travail), afin de pouvoir acheter ce dont j'ai besoin, c'est-à-dire de satisfaire mon besoin par l'intermédiaire du travail d'un autre. L'échange marchand simple n'est que l'autre face de la division du travail et de la coopération entre les individus pour la satisfaction des besoins de tous. Mais dès que l'argent cessant d'être un simple moyen se met à circuler comme capital, tout est mis cul par-dessus tête. Loin que l'argent serve à la satisfaction des besoins, ce sont les besoins qui deviennent des moyens de « faire de l'argent ». La vie qui est normalement la fin de l'activité économique en devient le moyen et le moyen, le pur moyen qu'est l'argent devient la fin en soi, il s'anime et devient comme vivant : il « fait des petits » comme un père fait des enfants – ainsi que le disait déjà Aristote. Le capitalisme, c'est le renversement du réel.

3

Les mystères de la transformation
de l'argent en capital

Cette étonnante transformation recèle un secret. Comment l'argent peut-il « faire des petits » ? Dans l'échange, en règle générale, les marchandises s'échangent à leur valeur. Les fluctuations liées à l'abondance de l'offre ou à celle de la demande se compensent statistiquement. Les prix oscillent plus ou moins autour d'un prix pivot qui correspond à la valeur de la marchandise. Si j'achète pour une somme A une marchandise M et que je la revends, je ne devrais obtenir que la somme A (en exceptant les situations spéculatives qui permettent de réaliser une « plus-value » exceptionnelle). Je peux aussi prêter mon argent contre intérêt, mais l'emprunteur ne se risquera à cette opération que si l'emprunt lui est profitable, c'est-à-dire s'il peut gagner de l'argent avec de l'argent emprunté et rendre ainsi au prêteur capital et intérêt tout en gardant pour lui un profit. Le prêteur sur gages ou l'usurier qui vivent de la misère du monde sont des figures marginales qui se placent dans les interstices de la société traditionnelle, mais ils ne préfigurent pas le banquier moderne ni le capitaliste authentique.

On peut retourner le problème dans tous les sens : les marchandises ne peuvent augmenter leur valeur en circulant. Pour aller plus loin, il faut dire quelques mots de cette fameuse valeur. Les marchandises ont une valeur d'usage : elles correspondent à un besoin humain qu'elles doivent satisfaire. Une bible satisfait des besoins spirituels et une bouteille de cognac des besoins en spiritueux. Ces besoins, en eux-mêmes, sont incommensurables et les marchandises qui permettent de les satisfaire ne présentent sous cette face aucune commune mesure. Pourtant avec la même somme d'argent, je pourrai, au choix, me procurer une bible (dans une belle édition) ou une bouteille de cognac. **L'argent a miraculeusement égalisé ce qui était incomparable**. L'échange marchand par l'intermédiaire de l'argent a rendu commensurables ces marchandises qui ne l'étaient pas.

Qu'est-ce qui détermine cette mesure dans laquelle les marchandises se reflètent l'une dans l'autre ? Il y a plusieurs réponses. La plus ancienne, celle d'Aristote, consiste à dire que si l'argent rend commensurables des choses incommensurables, c'est en vertu d'une convention. Réponse peu convaincante qui reflète l'état d'une société où la circulation marchande reste finalement assez marginale. Marx reprend, avant de la soumettre à la critique, la théorie de la « valeur-travail » qu'il a trouvée dans l'économie politique classique anglaise : les marchandises s'échangent entre elles au prorata du temps de travail social moyen qui est incorporé en elles. Il faudrait développer ce point qui est un peu complexe. Comment, en effet, comparer des travaux humains tels que ceux du vigneron et de l'imprimeur ? La difficulté que nous avons rencontrée en nous demandant comment comparer des marchandises aux qualités complètement différentes se retrouve maintenant avec la comparaison des travaux concrets nécessaires pour les produire ! La réponse est cependant assez simple : le développement de la division du travail d'un côté, l'habitude prise de comparer les temps de travail nécessaires à la production de l'autre, ont progressivement ramené la diversité des travaux humains à un temps de travail abstrait, pure dépense de force de travail. La parcellisation du travail avec le taylorisme rend complètement évidente cette équivalence des travaux humains quelles que soient les marchandises produites. Le travail quel qu'il soit est ainsi réduit à du temps.

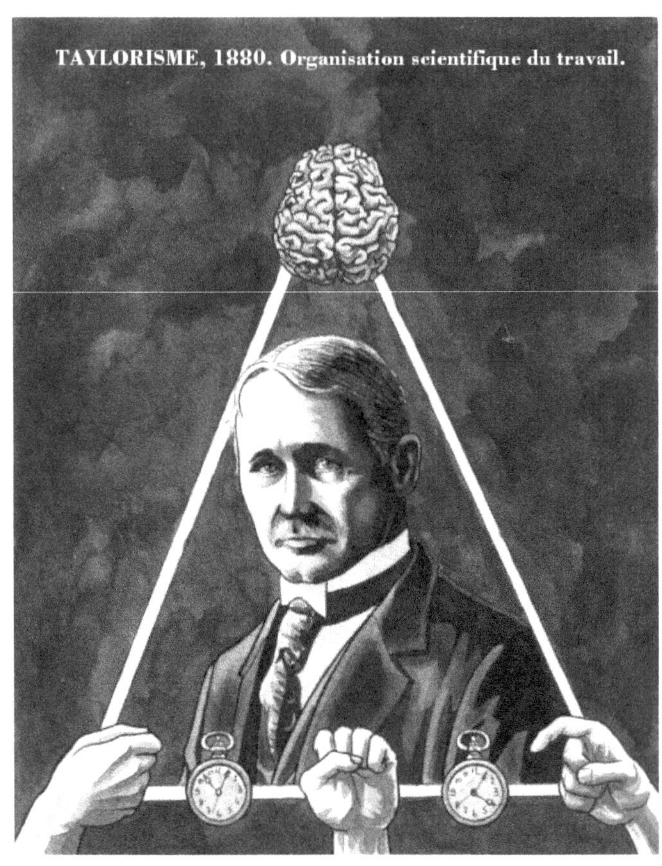

TAYLORISME, 1880. Organisation scientifique du travail.

Les économistes universitaires n'aiment guère la théorie de la valeur-travail. Eux qui s'occupent surtout du marché prisent assez peu une théorie centrée sur la production. Les capitalistes pratiques, c'est-à-dire les entrepreneurs industriels ont, quant à eux, un tout autre point de vue. Bien qu'ils aient appris les dogmes de la théorie de l'utilité marginale, quand ils s'occupent de la bonne marche de leurs usines et de la production des marchandises, ils s'appuient sur cette maudite théorie de la valeur-travail. Ils évaluent leur rapport à la concurrence en termes d'heures de travail. Combien de temps faut-il pour produire une Toyota au Japon et combien faut-il de temps pour produire une voiture équivalente en France? Comment diminuer le temps nécessaire à la production pour pouvoir faire face à la concurrence? Comment augmenter la productivité du travail? Loin des savants modèles mathématiques des économistes – modèles qui se cassent invariablement la figure à chaque nouvelle crise –, le capitaliste pratique sait qu'il faut du temps de travail pour produire les marchandises qu'il met sur le marché et que son rapport avec la concurrence sera, au final, un rapport entre temps de travail différents pour produire la même marchandise.

Il y a eu des tonnes de livres écrits sur cette question. Mais admettons pour l'instant que Marx a raison de dire que la valeur d'une marchandise correspond au travail abstrait qu'elle incorpore. Et ici il faut entendre *abstrait* dans son

FORDISME, 1908. Standardisation et rationalisation du travail.

sens le plus précis : le travail abstrait est le travail en tant qu'on fait abstraction de toutes ses particularités, un travail dépouillé de tout ce qui en faisait la manifestation de l'activité vitale humaine et qui n'est plus réduit ici qu'à du temps de travail indifférencié, une pure quantité.

Revenons au problème de la circulation de l'argent qui permet de le faire fonctionner comme capital. Si j'achète une marchandise M contre une somme A, je ne peux pas revendre cette marchandise A' (A augmenté d'un profit) sauf si en passant dans mes mains cette marchandise a subi une mystérieuse transformation, de telle sorte qu'au moment où je la revends elle incorpore plus de temps de travail social qu'au moment où je l'ai achetée. Si je dépense des heures de travail pour la modifier avant de la mettre en circulation, le problème reste entier. Je n'ai fait que rajouter des heures de travail à ma marchandise, mais ces heures-là m'ont coûté et on en reste au principe de l'échange équivalent contre équivalent. Il faudrait trouver une marchandise qui, en étant consommée, aurait la propriété de produire une valeur nouvelle.

Cette marchandise mystérieuse s'appelle « force de travail ». Son vendeur est bien connu, c'est le prolétaire qui pour vivre n'a rien d'autre et va au marché pour vendre sa peau – et ne doit s'attendre qu'à une seule chose, être tanné. Le prolétaire en effet ne vend pas son travail, mais met sa force de travail à disposition du capitaliste durant une fraction de la journée fixée par contrat, compte tenu des lois et des habitudes du moment et du lieu. **Quelle est la valeur d'une force de travail? Comme pour toute marchandise, sa valeur est équivalente au temps de travail qui y est incorporé, c'est-à-dire au temps nécessaire pour sa «production».** Une force de travail demande un individu vivant qu'il faut nourrir, vêtir, loger; elle demande également un temps de formation – aussi minimal que possible dès que la division du travail a atteint un point suffisant. Donc quand le capitaliste achète une force de travail, il doit la payer à sa valeur, c'est-à-dire au prorata du temps de travail social nécessaire à son entretien. Ensuite, comme de tout ce qu'il achète, il en dispose comme il l'entend. Supposons que la valeur de la force de travail soit équivalente à quatre heures de temps de travail social (en quatre heures l'ouvrier a produit des marchandises dont la valeur équivaut à son salaire). Si cet ouvrier travaille huit heures, il produit pour son capitaliste l'équivalent des marchandises qui incorporent huit heures de travail humain général alors que le capitaliste n'en a dépensé que quatre.

La force de travail est donc une marchandise extraordinaire: quand le capitaliste en fait usage, au lieu d'être détruite – comme cela se passe quand on

consomme des marchandises ordinaires – elle produit non seulement l'équivalent de sa valeur de remplacement, mais, en outre, elle offre au capitaliste du temps de travail gratis. Résumons le processus:

– Le capitaliste achète des matières premières et des machines dont il va faire entrer la valeur dans le calcul de ses coûts de production; appelons « c » (comme « capital constant »), la partie du capital dépensée à cette fin.

– Il achète de la force de travail que nous appellerons « v » (comme « capital variable »).

– L'ensemble de ces marchandises (c + v) est précipité dans la fournaise de la production pour en ressortir métamorphosé (l'acier, le plastique, etc., sont devenus automobiles, par exemple).

– La valeur des marchandises ainsi produites est équivalente à c + v, mais il faut y ajouter le temps de travail gratis dont jouit le capitaliste et que nous nommerons avec les traducteurs de Marx « pl » (comme « plus-value » ou « survaleur »).

– Bref, à l'entrée du processus de production, la somme d'argent fonctionnant comme capital est c + v, à la sortie elle est c + v + pl. On peut maintenant expliquer comment en achetant A une marchandise M, on peut ensuite obtenir A'. Il a fallu acheter une marchandise dont la consommation est productive.

L'argent a fait des petits parce qu'il a été converti en force de travail. Ceux qui sont dans la « salle des machines » du mode de production capitaliste savent bien que seul le travail humain produit de la valeur… mais vu de l'extérieur, du point de vue de l'investisseur, c'est l'argent qui « travaille » – je fais travailler mon argent, dit celui qui dispose d'une somme à « placer » ou à investir. Les formes les plus anciennes du capital – comme le prêt avec intérêt – apparaissent maintenant comme des formes dérivées du capital réellement productif, c'est-à-dire du capital investi dans la production de marchandises. Celui qui prête de l'argent à un entrepreneur capitaliste recevra sous forme d'intérêt une part de la plus-value produite dans la production. Il en va de même de la rente foncière : le propriétaire foncier loue ses terrains ou ses bâtiments à quelqu'un qui les inclura dans son procès de production – par exemple le fermier capitaliste. C'est pourquoi les formes du capital porteur d'intérêt ou du capital porteur de rente apparaissent longtemps au capitaliste industriel comme des formes parasitaires : ainsi peuvent s'expliquer les conflits, parfois violents, entre les diverses fractions des classes dominantes au cours du XIXe siècle, le capitalisme industriel cherchant à secouer le joug de la vieille propriété foncière (attachée souvent à la noblesse) et de la banque.

4

L'accumulation primitive

Pour que l'argent circule comme capital et donne ainsi l'orientation générale de la vie sociale, pour que l'argent puisse être régulièrement transformé en capital, il faut, selon Marx, que soient réunies de nombreuses conditions socio-historiques ; on s'empressera ensuite d'oublier ces gigantesques événements pour faire apparaître le mode de production capitaliste comme le mode de production naturel.

Pour que ce processus puisse s'accomplir, il fallait que l'accumulation du capital atteigne une masse critique. Le développement endogène du mode de production capitaliste des villes européennes était dans l'incapacité d'atteindre cette masse critique, même si on peut suivre la naissance d'un proto-capitalisme dans les villes de l'Italie du Nord à la fin du Moyen Âge. Fernand Braudel montre que l'accumulation de capitaux suffisants pour assurer le développement du mode de production capitaliste comme mode de production dominant ne peut se faire seulement par le développement de la production marchande traditionnelle. Pour qu'elle puisse exister, il faut au moins deux conditions fondamentales. La première est l'existence de masses d'argent prêtes à fonctionner comme capital. Par elle-même, la petite production marchande ne peut les fournir en raison, très souvent, de la concurrence que se font les différents producteurs entre eux : le petit boutiquier, même s'il est plus malin ou plus industrieux que ses concurrents, deviendra rarement un gros capitaliste, d'autant que des règles très strictes encadrent tous les métiers, organisés en corporations. C'est le commerce lointain avec les situations de monopoles qui lui sont inhérentes qui, seul, permet cette accumulation. L'entrée dans les temps modernes avec la conquête du monde par les Européens et le développement du colonialisme va fournir cet ingrédient nécessaire au développement du capitalisme. La « destruction des Indes » racontée dès 1531 par Bartolomé de Las Casas constitue le premier chapitre de **cette histoire qui verra le capitalisme arriver au monde suant par tous ses pores la boue et le sang.**

Mais il ne suffit pas d'avoir des capitaux ; il faut aussi de la force de travail disponible, c'est-à-dire des travailleurs « libres », c'est-à-dire libres de toute propriété, des travailleurs sans instruments de travail, contraints de vendre leur force de travail sous peine de mourir de faim. Là encore, la transformation des anciennes classes populaires médiévales en prolétariat moderne ne s'est pas effectuée par les lois immanentes du « marché libre », mais par la violence armée et les massacres.

L'Angleterre élisabéthaine a été le théâtre d'une véritable guerre civile menée par les *landlords* contre la paysannerie britannique libre. Là où les communautés paysannes exploitaient en commun les terrains communaux, les *landlords* posèrent des clôtures (*enclosures*) pour y faire paître leurs moutons porteurs de laine, destinés à alimenter en matière première l'industrie textile en plein essor. Comme selon un adage connu, ce qui appartient à tous n'appartient à personne, les *landlords* purent arguer qu'ils ne volaient personne en privatisant les terres communes. Les paysans, réduits à la misère, furent bientôt chassés *manu militari* de leurs maisons : quand ils ne voulaient vraiment pas partir, on incendiait les villages. En Écosse et en Irlande surtout, cela conduisit à des famines terribles. Des centaines de milliers de misérables furent jetés sur les routes, réduits à la mendicité ou au brigandage – c'est le monde de Dickens qui se construit à ce moment-là. Mais priver les paysans de ressources ne suffit pas : encore faut-il les contraindre à devenir des travailleurs « modernes ». À cette fin, le « libéralisme » naissant fit appel, comme de coutume, aux moyens coercitifs de l'État : la liberté des propriétaires supposait la fin de la liberté des paysans. Les lois sur les pauvres permirent de pourchasser les mendiants et de les enfermer dans des « maisons de travail » (les *workhouses*), sortes de camps de travail à l'anglaise.

Quand on relit cette histoire, on ne peut s'empêcher de comparer l'expropriation de la paysannerie britannique à la collectivisation forcée imposée par Staline au début des années trente du siècle dernier. L'expulsion par la violence armée, la destruction de la propriété paysanne (la première au profit de la propriété capitaliste privée, la seconde au profit de la propriété étatique sous contrôle de la caste dirigeante), les famines et le travail forcé. Que cette comparaison s'impose en dit long sur la nature exacte de ce que fut l'Union soviétique : « l'accumulation socialiste primitive » est la seule copie conforme de l'accumulation capitaliste primitive.

1845, Ballinglass. Expropriation de dizaines de milliers de paysans pendant la grande famine.
1933, USA. Expropriation des paysans dans le Middle West pendant la Grande Dépression.

2004, Chine. Expropriation de 3 à 4 millions de paysans pour faire place à des projets industriels ou à la spéculation foncière.
2009, Afrique. 45 millions d'hectares changent de main suite aux investissements fonciers agroalimentaires et biotechnologiques...

Ailleurs, en Europe, le processus ne fut pas aussi violent que dans ce paradis du prétendu « libéralisme » naissant. Mais **partout, c'est la destruction de la paysannerie libre et de l'artisanat qui fournissent les bases matérielles de l'expansion du mode de production capitaliste.** Il a fallu du temps pour transformer ces travailleurs indépendants ou ces mendiants en prolétaires disciplinés. La surveillance policière et le livret de travail montrent bien que les vendeurs de force de travail n'étaient guère disposés à subir leur sort sans protester. Ils gardaient la mémoire de leur liberté perdue et c'est elle que l'on retrouve dans les mouvements anarchistes en Europe ou chez les « *woobblies* » aux États-Unis.

MARX FAIT L'ANALYSE DE CETTE ORIGINE DU PROLÉTARIAT MODERNE ET EN TIRE LES CONSÉQUENCES : le mode de production capitaliste a exproprié les travailleurs indépendants. **Le renversement du capitalisme devra être ainsi l'expropriation des expropriateurs et la restauration de la propriété individuelle, mais sur la base de la production socialisée.**

5

Exploité et aliéné

Selon Marx, le mécanisme de la transformation de l'argent en capital permet de saisir les mécanismes spécifiques de l'exploitation capitaliste et de la domination sociale. Toutes les sociétés connues historiquement sont des sociétés de classes. Des classes dominantes imposent leur loi à des dominés qui doivent travailler en vue du plaisir des dominants. Jusqu'au XIXe siècle, l'esclavage était largement pratiqué. Aux États-Unis, il faut attendre les années mille huit cent soixante pour qu'il soit aboli, et encore, au prix d'une guerre civile qui a fait plus de six cent mille morts. Les seigneurs et les dignitaires de l'Église imposaient leur loi aux serfs et aux paysans, etc.

Le mode de production capitaliste pourrait être vu comme la continuation de cette antique opposition des classes dominantes et des classes dominées. Mais ce serait

manquer la profonde originalité et le caractère révolutionnaire de ce mode de production. Les classes dominées
anciennes ne sont pas formées d'hommes libres, mais
d'hommes assujettis, qui ne peuvent le plus souvent pas être
maîtres d'eux-mêmes et sont liés à des statuts qui les posent
comme inférieurs aux dominants. Le prolétariat moderne est
formé d'hommes libres qui sont juridiquement égaux à leurs
employeurs et passent avec ceux-ci un contrat libre, conclu
en vue de l'avantage des deux parties. Liberté, égalité, utilité
commune : voilà les grands principes qui règlent l'achat et
la vente de la force de travail. Dans les anciennes formes
de domination, les possédants extorquent ouvertement le
travail des dominés : pour accomplir sa corvée, le serf va
travailler gratuitement pour le seigneur plusieurs jours par
semaine. Les rapports de domination sont transparents. Il
n'en va pas de même dans le mode de production capitaliste. **Le marché conclu entre acheteur et vendeur de
force de travail est un marché en apparence loyal
dans lequel personne n'est volé ; la marchandise
force de travail est, en gros, payée à sa valeur. Le
travail gratis est dissimulé et loin d'être le produit
de l'activité du travailleur, il apparaît comme le fruit
légitime du capital.**

LA SITUATION DU TRAVAILLEUR DANS LE MODE DE PRODUC-
TION CAPITALISTE EST DONC MARQUÉE PAR L'EXPLOITATION : une
partie du travail fourni est accaparée par le capitaliste.
Marx appelle taux d'exploitation ce rapport entre travail
gratis et travail payé (valeur de la force de travail). Que
l'on comprenne bien : l'exploitation n'est pas le résultat de
l'action d'un méchant capitaliste ; elle découle de la logique
du système. La loi du capital est la loi de l'accumulation du
capital. Le capitaliste n'est pas un consommateur impro-
ductif de la richesse produite par d'autres, bien au contraire.
L'éthique capitaliste est une éthique ascétique, l'enrichissement n'a pas pour but le plaisir, mais il est à lui-même
sa propre fin et la mission terrestre du capitaliste est la
poursuite indéfinie de cet enrichissement. **Le capitaliste
est le fonctionnaire du capital, dit Marx. Donc, si le
capitaliste individuel exploite « ses » ouvriers, c'est
en tant que fidèle serviteur du capital, c'est-à-dire
comme agent du « système ».**

La mise en valeur du capital exige en effet que soit
maintenu et même augmenté le taux d'exploitation : non
seulement parce que les capitalistes n'ont pas d'autre
choix pour faire face à la concurrence, mais aussi parce
que l'accumulation du capital diminue la part du travail
vivant dans le procès de production et fait tendanciellement
baisser le taux de profit. Le capitalisme doit simultanément

économiser le travail vivant (augmenter sa productivité) et préserver ses profits qui ne dépendent que du travail vivant. Marx consacre de nombreuses pages à la compréhension de ces mécanismes et c'est bien ce qu'il montre : c'est la logique systémique du capital et non la malice ou l'avidité des capitalistes individuels qui sont en cause.

DÈS QUE L'ON ACCEPTE CETTE LOGIQUE, IL FAUT EN TIRER LES CONSÉQUENCES. Tous ceux qui pensent que le capitalisme est indépassable doivent l'admettre : pour que le système puisse continuer de fonctionner, il faut garantir les profits et comme la source du profit est le travail gratis, c'est sur cette « variable d'ajustement » qu'il faut agir. Marx montre que s'établit un taux moyen de profit et que c'est par rapport à ce taux moyen que les capitalistes individuels calculent leurs coûts de production. Les secteurs les moins productifs feront des profits inférieurs à cette moyenne et les plus productifs empocheront un surprofit. **La plus-value est produite globalement et la concurrence sur le marché entre les capitalistes permet la répartition.** C'est pourquoi chaque capitaliste doit, question de vie ou de mort, participer à la course au surprofit qui est aussi une course contre le laminage des profits. Et il n'y a pas une infinité de moyens d'agir : augmenter la durée du travail, augmenter la productivité du travail, baisser la valeur de la force de travail.

plat
Notre économie a besoin
de   vous !!
Paul, ouvrier
du mois.
Nouveau !! Le S
aloppes
porc!
€
TRAVAILLER PLUS

Pendant des décennies, les luttes ouvrières ont porté sur la limitation légale de la journée de travail – une question qui constitue le chapitre central du *Capital*. Mais le « travailler plus » est revenu à l'ordre du jour comme moyen essentiel pour augmenter la « plus-value absolue », pour parler le langage de Marx. La course à la productivité est le moteur principal du développement technique du mode de production capitaliste. Enfin la baisse de la valeur de la force de travail peut être obtenue en diminuant la valeur des marchandises nécessaires à la reproduction de la force de travail : par exemple la valeur relative des produits alimentaires n'a cessé de baisser, en langage courant le poids de l'alimentation dans le « panier de la ménagère » n'a cessé de diminuer. On pourrait aussi citer la baisse spectaculaire de l'électronique grand public. Et c'est pourquoi une réduction de la valeur de la force de travail peut coexister avec un niveau de vie à peu près stable – ainsi au cours des dernières décennies, la baisse spectaculaire de la part des salaires dans le revenu par habitant ne s'est pas traduite par un accroissement spectaculaire de la pauvreté.

DE FAIT, MARX A TOUJOURS COMBATTU LES THÉORIES DE LA « PAUPÉRISATION » QUI ONT LONGTEMPS ÉTÉ PRÉSENTÉES COMME UN PRINCIPE MARXISTE. Il a toujours refusé la thèse de Ricardo selon laquelle le salaire devait fatalement être réduit au minimum vital. Selon lui, la valeur de la force de travail est fixée socialement et ce qui est considéré comme nécessaire à sa reproduction varie selon les conditions sociales et historiques. La protection contre la maladie et la retraite sont ainsi entrées dans les composants de la force de travail, au moins pour les pays les plus riches dans le dernier demi-siècle. Mais ce n'est nullement une garantie pour l'avenir – la déconstruction progressive des systèmes de protection sociale s'inscrit bien dans les processus visant à baisser le « coût du travail ».

Encore une fois, rien de tout cela ne renvoie à la malignité des possédants. Ce sont les lois immanentes du mode de production capitaliste qui s'exécutent. Quand les propriétaires du capital sont des institutions, l'État ou même des salariés (comme dans le cas des fonds de pension), l'exploitation reste fondamentalement inchangée.

MAIS IL Y A ENCORE UNE AUTRE DIMENSION À LA SOUMISSION DU TRAVAIL AU CAPITAL, CELLE DE L'ALIÉNATION, terme ambigu qui renvoie au fait de ne plus être soi-même, de devenir étranger à soi. Le problème, en effet, n'est pas que l'ouvrier ne reçoive pas le « produit intégral de son travail ». Dans aucune société, quelle que soit son organisation, il ne le peut. Une partie doit être mise de côté pour les investissements et pour la recherche, une autre doit être placée dans un fond de répartition pour la maladie, la retraite, etc. Le problème est plutôt que le résultat de l'activité du travailleur se dresse face à lui, comme une puissance étrangère, qu'il apparaît comme le produit du capital, et enfin que le procès de production, loin d'être le moyen que le travailleur met en œuvre pour atteindre ses fins, devient au contraire un processus autonome, sur lequel le travailleur n'a plus aucune prise et dont il n'est qu'un moyen. **Quand les salariés prennent le nom de « ressources humaines », on atteint la vérité de ce processus d'aliénation. L'argent sous forme de capital est présenté comme la source de vie de la société alors que les travailleurs sont réduits à l'état de choses, jugées seulement à l'aune de leur valeur instrumentale.**

La parcellisation accrue des tâches, l'interchangeabilité des ouvriers, la destruction de métiers, sont autant de manifestations de ce processus général que le machinisme exprime de la manière la plus aiguë. La machine est le résultat du travail humain, mais pour le travailleur, elle incarne le capital – le capitaliste est celui qui dispose des moyens de travail. Marx le dit : « Le moyen de travail acquiert dans le machinisme une existence matérielle qui exige le remplacement de la force de l'homme par des forces naturelles et celui de la routine par la science. [...] Dans le système de machines, la grande industrie crée un organisme de production complètement objectif ou impersonnel, que l'ouvrier trouve là, dans l'atelier, comme la condition matérielle toute prête de son travail. Dans la coopération simple et même dans celle fondée sur la division du travail, la suppression du travail isolé par le travailleur collectif semble encore plus ou moins accidentelle. Le machinisme […] ne fonctionne qu'au moyen d'un travail socialisé ou commun. Le caractère coopératif du travail y devient une nécessité technique dictée par la nature même de son moyen. »

Le machinisme moderne exige le développement du caractère coopératif du travail. Ce qui n'était possible qu'accidentellement devient une nécessité. Mais en même temps, il faut le souligner, ce qui, seul, donne sa valeur au machinisme, c'est la transformation des rapports sociaux de production (la division du travail). Le machinisme, tout à la fois, rend possible la mise sous un commandement unique de milliers et de dizaines de milliers de travailleurs et l'exige ; la machine n'est pas là pour alléger la peine des hommes, mais pour augmenter le profit. Le machinisme n'a pas de productivité propre puisqu'il « ne fonctionne qu'au moyen d'un travail socialisé ». Et pourtant, dans le procès de production capitaliste, c'est à la machine qu'est attribuée la productivité du travail.

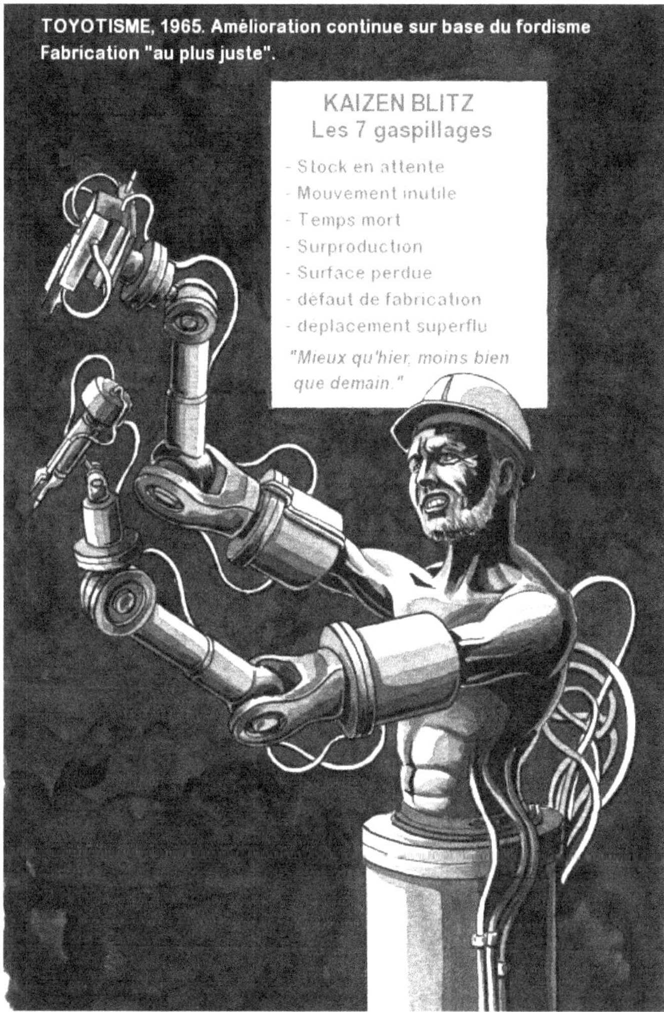

TOYOTISME, 1965. Amélioration continue sur base du fordisme
Fabrication "au plus juste".
KAIZEN BLITZ
Les 7 gaspillages
- Stock en attente
- Mouvement inutile
- Temps mort
- Surproduction
- Surface perdue
- défaut de fabrication
- déplacement superflu
"Mieux qu'hier, moins bien que demain."

RÉSUMONS, LE CAPITALISME, C'EST LE MONDE MIS À L'ENVERS. Au lieu que l'économie serve à produire les moyens de la vie, ce sont les moyens de la vie qui sont des moyens pour le développement économique et l'accumulation de l'argent. Au lieu que l'ouvrier se serve des moyens de travail, tout se passe comme si l'ouvrier devenait le moyen des moyens de travail. Ainsi, la puissance personnelle du travailleur est-elle convertie en puissance objective du capital, ce qui peut encore s'appeler « aliénation ».

6

Lutte de classes et domination

Comprendre le rapport capitaliste, ce rapport de subordination du travail au capital, ce n'est pas seulement découvrir le mystère de la transformation de l'argent en capital (ou encore de l'auto-engendrement de l'argent). C'est aussi commencer à comprendre ce qu'est la « lutte des classes ». Dans le mode de production capitaliste, les classes ne sont pas des entités sociales figées. Et on peut soupçonner d'être oiseuses les discussions sur l'existence ou la disparition de la classe ouvrière, ou la position des employés, cadres et techniciens dans la hiérarchie sociale. Là encore, les représentations caricaturales du marxisme doivent être mises au rencart. L'évolution du capitalisme, largement anticipée par Marx, le montre. L'essentiel, c'est le rapport capitaliste lui-même : l'échange de l'argent contre la marchandise « force de travail » et la consommation productive de cette marchandise créent le rapport de domination et le « rapport de classes » si on veut garder la terminologie consacrée par la tradition marxiste. Ce rapport de classes devient manifeste quand les travailleurs entrent en lutte contre la logique du capital. C'est encore le cas exemplaire des luttes autour de la durée du travail. « Le capitaliste soutient son droit comme acheteur quand il cherche à prolonger la journée de travail aussi longtemps que possible et à faire deux jours d'un. D'autre part, la nature spéciale de la marchandise vendue exige que sa consommation par l'acheteur ne soit pas illimitée, et le travailleur soutient son droit comme vendeur quand il veut restreindre la journée de travail à une durée normalement déterminée. Il y a donc ici une antinomie, droit contre droit, tous deux portant le sceau de la loi qui règle l'échange des marchandises. Entre deux droits égaux, qui décide ? La force. » Les classes sociales existent et se déterminent dans cette lutte, conséquence du rapport salarial. On pourrait dire que **ce ne sont pas les classes qui entrent en lutte, mais la lutte qui fait les classes. Et les individus se disposent autour de cet opérateur « lutte des classes ».**

Il ne suffit pas d'être très riche pour être un capitaliste. Une vedette du football ou de la chanson peut gagner énormément d'argent, elle n'en devient pas pour autant capitaliste. Inver-

sement, comme on l'a déjà noté, des capitaux gigantesques n'appartiennent pas à des capitalistes privés, mais proviennent de la centralisation de l'épargne par les institutions financières qui emploient des gestionnaires, des « managers » pour représenter la fonction capitaliste. Ces gestionnaires, cependant, ne sont pas eux-mêmes des capitalistes, mais des salariés qui peuvent d'ailleurs être remerciés du jour au lendemain par leur « propriétaire ». Dans les années quarante et cinquante, nombreux ont été les analystes qui ont perçu ces transformations de la structure interne du capitalisme, la montée d'un capitalisme bureaucratique et de cette « ère des managers » dont parlait James Burnham. Mais cette transformation, loin de faire passer du capitalisme à un « postcapitalisme », a finalement accompli totalement le rapport capitaliste, là encore en suivant des voies indiquées par Marx.

Le capitaliste « à l'ancienne » présentait (et présente encore dans les petites entreprises) une double nature. D'un côté, en tant que possesseur de capital, il est celui qui empoche le profit et en tire sa puissance sociale. Mais de l'autre, il dirige le procès de production et accomplit ainsi une fonction nécessaire – une fonction que l'on retrouve quel que soit le mode de production. Avec le développement du crédit et des sociétés par actions – des formes qui représentent à leur manière une certaine « socialisation » du capital –, la fonction purement capitaliste et la direction du procès de production sont séparées. Le directeur et le capitaliste sont maintenant deux personnages distincts. On peut y voir un dépassement virtuel du capitalisme : puisque le possesseur de capital se trouve maintenant à l'écart du procès de production, il n'est pas compliqué de se passer de lui et de confier la direction de l'économie aux « producteurs associés », du directeur jusqu'au manœuvre. Mais cette virtualité, sur laquelle Marx clôt de fait le livre I du *Capital*, n'est pas la seule. La séparation du capital et de la production libère le capital qui peut alors se déplacer sans entraves d'un secteur de la production à un autre, d'une entreprise à une autre. Le capitaliste n'est plus lié à « son » outil de travail ; il n'est même plus lié à la production elle-même. Quelle que soit la méthode utilisée, ce qui importe au capitaliste, c'est le « retour sur investissement » qui provient des avantages concurrentiels donnés par l'innovation ou de la pure spéculation, de la conquête de nouveaux marchés ou du vil trafic.

Du même coup, les entraves à la domination du capital disparaissent avec ce « capitalisme absolu ». Alors qu'il s'était développé dans un cadre national, le capitalisme semble s'être complètement émancipé de ce cadre, se déplaçant très rapidement vers les zones à bas salaires et à hauts profits. Corrélativement, la résistance ouvrière s'affaiblit : les ouvriers, les travailleurs au sens large restent enracinés dans leur cadre national, ils ne connaissent d'autre langue que la leur, et leur seul bien réside dans les lois sociales qui les protègent.

Si la richesse dans nos sociétés apparaît comme une immense accumulation de marchandises, il faut cependant séparer richesse et marchandises. La terre, l'air, l'eau, les paysages, les ressources naturelles, y compris celles de la nature humaine, sont des richesses

QUI PREND SOIN DE VOUS?
Votre foyer mérite nos experts !!!
Forfait prestation
longue durée !!!

non marchandes, des richesses parce qu'elles sont des biens utiles à la vie ou la rendent plus agréables, mais des richesses qui ne sont pas encore entrées dans la ronde de l'échange. Dans le cercle familial, les relations restent régies par un partage des tâches fondé sur la tradition ou décidé consciemment (l'un ou l'une descend les poubelles, l'autre fait la vaisselle et le ou la troisième repasse les chemises…). Mais une part considérable de la production familiale est déjà tombée dans l'orbite de la production marchande : la confection des repas qui fait place à la nourriture industrielle. La marchandisation du vivant est bien engagée, pour ne rien dire du marché de la procréation humaine qui s'ouvre avec la légalisation progressive de la gestation pour autrui (les « mères porteuses », par exemple). Le développement du « capitalisme absolu » tend à transformer toute richesse en marchandise et à faire de sa production ou de sa conservation un champ de valorisation du capital.

Cette extension infinie du champ de la domination capitaliste est le produit logique des lois de l'accumulation du capital. Vouloir le capitalisme sans en accepter les conséquences, ce que prônent tous les défenseurs d'un capitalisme prétendument moralisé ou régulé, c'est au mieux une vision parfaitement utopique, au pire un discours pour endormir ceux qui seraient tentés de se révolter contre ce système.

La mondialisation heureuse
WTO OMC
INTERNATIONAL MONETARY FUND
Coca-Cola

7

Contradictions internes du mode de production capitaliste

Pour Marx, il ne s'agit pas seulement de décrire le fonctionnement du mode de production capitaliste, mais encore d'en produire une critique qui ouvre la voie à son renversement. Les premières utopies socialistes ou anarchistes décrivaient une société idéale opposée à la société capitaliste, dépeinte comme un enfer. Marx procède de manière radicalement différente. Il veut montrer que le capitalisme est condamné non parce qu'il est mauvais ou immoral, mais en raison de son propre développement interne. **Le capital n'est pas une chose, mais un rapport social,** et ce rapport social est, dans son essence, contradictoire. On va dire pourquoi à l'instant, mais pour Marx, le développement de cette contradiction aboutirait ainsi à

63

FORDLANDIA, au cœur de l'Amazonie. Projet de ville industrielle entrepris par Henry Ford en 1927, abandonné en 1945.

l'abolition du rapport capitaliste, avec la même nécessité que celle qui préside aux métamorphoses de la nature.

C'EST ICI QUE LES CHOSES SE COMPLIQUENT VRAIMENT ET QUE SE NOUENT LES MALENTENDUS SUR LA PENSÉE DE MARX. Si le mode de production capitaliste est voué à disparaître et à laisser place au communisme aussi fatalement que les chrysalides deviennent papillons, il n'y a plus rien à faire, attendre que l'Histoire (avec majuscule, s'il vous plaît!) accomplisse son office. Mais Marx le dit et le répète : l'Histoire ne fait rien, parce que l'Histoire n'est que la suite des générations. Ce sont les hommes qui font leur propre histoire, même si c'est dans des circonstances qu'ils n'ont pas choisies, qu'ils héritent des générations antérieures. Entre le déterminisme voire le fatalisme qu'impliquent certaines formulations de Marx et l'idée d'une action libre des individus, véritables sujets de l'histoire, on a du mal à s'y retrouver. Quelle interprétation faut-il choisir?

À CELA, IL FAUDRAIT AJOUTER CE QU'ENSEIGNE L'EXPÉRIENCE HISTORIQUE : non seulement le mode de production capitaliste ne s'est pas effondré, victime de ses propres contradictions, mais, de plus, il semble qu'il ait réussi à abattre tous ses challengers. Les utopies anarchistes se sont révélées comme ce qu'elles étaient, des utopies, des lieux de nulle part. Le socialisme traditionnel est passé du marxisme à l'«économie sociale de marché» et à la «gouvernance mondiale», y perdant les dernières traces de socialisme. Le communisme du XXᵉ siècle s'est effondré en deux ans, presque sans convulsions sérieuses : il était mort depuis longtemps et le cadavre est tombé en poussière à la première pichenette venue de Berlin-Est. Finalement, Marx n'aurait même pas été à la hauteur de Nostradamus.

Mais, en réalité, c'est d'autre chose qu'il s'agit. **La « forme marchandise » contient en elle-même la possibilité de l'interruption de la circulation et donc de la crise :** il est toujours possible que le producteur de marchandises ne trouve pas d'acheteur sur le marché et que, du même coup, la valeur sociale de son travail s'effondre et même se réduise à néant. Inversement, quand les acheteurs sont plus nombreux que les vendeurs, la possibilité existe alors que se forme une bulle spéculative comme on dit aujourd'hui. Cette possibilité formelle qui est aussi vieille que l'économie marchande – voir la fameuse crise de la tulipe en 1636 – devient possibilité réelle dans le mode de production capitaliste.

La loi fondamentale du capital est la loi de l'accumulation. Le capital est investi pour augmenter et donc il doit sans cesse trouver de nouveaux moyens d'existence : il lui faut trouver des champs d'accumulation, c'est-à-dire des secteurs où la production peut rencontrer une demande croissante, et dans le cas contraire, chaque capital individuel va chercher à supplanter son voisin pour lui prendre sa « part de marché ». Il est très facile de constater tout cela expérimentalement. Le capital dans son mouvement se trouve confronté à la nécessité de s'accaparer toujours davantage de plus-value, ce qui peut se faire par deux moyens. Premièrement en augmentant le nombre de travailleurs employés à un taux d'exploitation suffisant et, deuxièmement, en augmentant le taux d'exploitation, ce qui peut se faire soit en allongeant la journée de travail (mais celle-ci rencontre des limites physiques indépassables), soit en augmentant la part de travail gratis dans une journée de travail – c'est-à-dire en diminuant la part du salaire, en abaissant le salaire en dessous du niveau socialement reconnu (solution difficile à mettre en pratique à long terme) ou en diminuant la valeur des marchandises nécessaires à la reproduction de la force de travail comme on l'a vu plus haut.

CES MÉTHODES POUR GARANTIR L'ACCUMULATION DU CAPITAL ABOUTISSENT À PLUSIEURS CONSÉQUENCES.

La première, la plus connue et la moins contestable, est le mouvement de concentration et de centralisation du capital. Concentration : les uns s'emparent des autres ou les éliminent purement et simplement. Centralisation : tous les capitaux disponibles, c'est-à-dire toutes les sommes d'argent susceptibles de fonctionner comme capital sont « socialisées » (comme dans le cas des sociétés par actions) ou centralisées entre les mains d'institutions financières, banques, fonds de placement, fonds de pension, compagnies d'assurances, etc. Pour l'idéologie capitaliste, la production doit relever de la libre entreprise et de la responsabilité individuelle et son mythe fondateur est celui du « *self-made-man* », une « robinsonnade » bien connue. Mais **empiriquement, le capital ne peut vivre qu'en dépassant continuellement les frontières de la propriété privée capitaliste**.

La tendance à la surproduction est la deuxième expression fondamentale des contradictions du mode de production capitaliste. Le capitaliste est un fanatique de la production pour la production : plus nombreuses sont les marchandises qui sortent de ses usines et plus il peut faire fructifier le capital. La multiplication de l'offre est la clé de ce mode de production. Ce n'est pas pour rien que les politiques de l'offre se sont, à nouveau, imposées dans les deux dernières décennies du siècle précédent, après un long intermède keynésien fondé sur des politiques de la demande. Mais évidemment, cette offre doit rencontrer des acheteurs. Or l'acheteur doit avoir, premièrement, les moyens d'acheter, et deuxièmement, le besoin ou le désir d'acheter.

Pour la première condition, il est facile de voir que la grande masse des acheteurs de biens de consommation est constituée de salariés… au sujet desquels le capitaliste

individuel ne tient pas du tout à ce qu'ils soient mieux payés pour acheter les marchandises produites par d'autres capitalistes. Chaque capitaliste serait assez favorable à l'augmentation du « pouvoir d'achat » des salariés des autres capitalistes pourvu que cela ne donne pas de mauvaises idées à ses propres salariés.

Pour la deuxième condition, on en voit également les manifestations très empiriques. Quand une famille dispose de deux autos et trois téléviseurs, on aura du mal à la convaincre d'augmenter son équipement. D'où la nécessité d'accroître la vitesse de renouvellement des biens (de consommation autant que de production). **Il faut donc rendre obsolète au plus vite le dernier matériel acheté, limiter sa durée de vie, inciter à toujours plus consommer. Et quand les moyens économiques ne suffisent pas, on fait appel à l'État qui organise lui-même la destruction des biens à renouveler** (exemple : la « prime à la casse » des autos ou l'imposition de nouvelles normes).

Troisième grande tendance : la course à la productivité du travail. Si un capitaliste fait produire en une heure ce qui se fait habituellement en deux heures, compte tenu du fait que la valeur des marchandises se mesure au temps socialement nécessaire à leur production, ce capitaliste pourra empocher plus que le profit moyen. Mais ceci a deux inconvénients : d'abord, pour augmenter la productivité il faut généralement de nouveaux moyens techniques, c'est-à-dire l'augmentation du capital constant ; ensuite, au bout d'un certain temps, les autres capitalistes, concurrents de notre innovateur, soit disparaissent, soit sont absorbés par le groupe le plus fort. Autrement dit, d'une part, la course à la productivité qui est fondamentalement *« labour saving »* (économe en travail) finit par miner les bases de la production de la plus-value, puisque celle-ci naît et ne peut naître que du travail vivant. D'autre part, la concurrence cède naturellement la place au monopole (ou, au moins, aux oligopoles) et la libre initiative des individus construit les énormes bureaucraties des firmes multinationales.

Toutes ces tendances contradictoires du mode de production capitaliste expliquent son caractère à la fois révolutionnaire et mortifère. Révolutionnaire, car il ne peut survivre qu'en révolutionnant en permanence les modes de production, en bouleversant continuellement les habitudes, en détruisant impitoyablement tout ce que l'on prenait pour intangible. Dès le *Manifeste* de 1848, Marx célébrait ce caractère révolutionnaire du mode de production capitaliste. Mais c'est aussi un mode de production mortifère. En substituant le travail mort au travail vivant, l'accumulation du capital conduit à la crise, ou plutôt aux crises à répétition – les fameuses « crises cycliques » qui sont le « *memento mori* » (« souviens-toi que tu dois mourir ») du capitalisme. La crise dévalorise brutalement tout le capital existant, les marchandises invendables sont bonnes pour la décharge, la force de travail est mise en jachère. Les guerres permettent tout à la fois de fournir un champ non négligeable d'accumulation du capital – l'industrie d'armement joue un rôle clé dans les économies de tous les grands pays capitalistes – et de détruire les marchandises, afin de permettre leur renouvellement et la reconstruction de l'appareil productif sur de nouvelles bases. On peut le constater, toute l'histoire du XXe siècle vient appuyer l'analyse et les prédictions que Marx avait pu donner dans la deuxième moitié du XIXe siècle.

8

Fausses pistes de sortie

Si le capitalisme ne s'est pas effondré, disent ses défenseurs, c'est à la fois parce qu'il est très efficace et très souple et a montré une capacité d'adaptation qu'aucun autre mode de production du passé n'avait pu montrer. Bref, loin d'être condamné, comme le pensait Marx, ce mode de production est au contraire celui qui marque la « fin de l'histoire » : on ne peut rien faire de mieux et même les socialistes français en avaient fait leur « horizon historique » lors d'un congrès en 1991.

La réalité effective des choses est cependant un peu moins mirobolante que ce qui se dit au pays des thuriféraires du capitalisme triomphant. Le siècle dernier a été le théâtre sanglant des crises du mode de production capitaliste et les méthodes pour organiser son sauvetage n'ont pas grand-

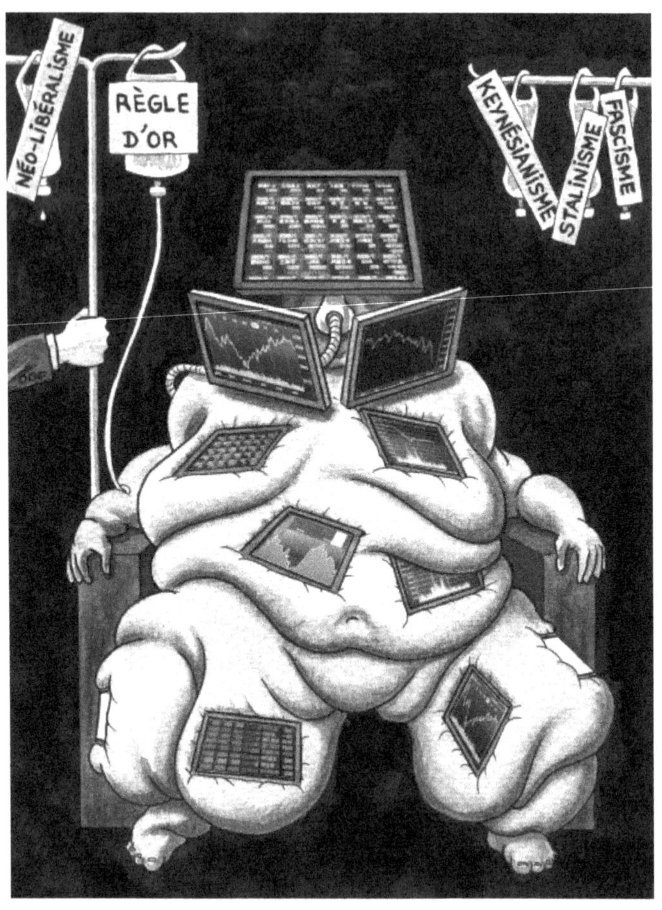

NÉO-LIBÉRALISME
RÈGLE D'OR
KEYNÉSIANISME
STALINISME
FASCISME

chose à voir avec les fables apologétiques des thuriféraires du prétendu « libéralisme économique ».

On peut considérer la première guerre mondiale comme la première explosion violente du mode de production capitaliste. Le développement capitaliste basé sur l'expansion impérialiste des grandes puissances européennes conduit au heurt meurtrier entre les impérialismes anglais, russe et français d'un côté, allemand et autrichien de l'autre. Des destructions inouïes et une guerre qui devient pour la première fois une guerre mondiale. Une guerre où sont inventés tous les moyens modernes industriels de destruction et où tout le processus de civilisation porté par les Européens, avec des prétentions plus ou moins légitimes, vient s'effondrer sous les pluies d'obus, les gaz asphyxiants, les attaques contre les populations civiles. Le rêve des Lumières meurt dans les tranchées de Verdun.

Cette guerre a aussi mis en place les éléments de ce qu'on nommera d'un terme ambigu le capitalisme d'État : dans tous les grands pays capitalistes, l'industrie et l'appareil d'État sont désormais étroitement liés. Les marchands de canons profitent de la guerre, mais l'appareil d'État commence à faire main basse sur la direction de la machine économique. C'est pourquoi Lénine voit dans les nationalisations et la planification sous contrôle de l'État soviétique le simple prolongement de ce que l'évolution propre du mode de production capitaliste avait déjà esquissé.

Pour beaucoup d'observateurs, la crise de 1929 a semblé être la « crise finale » dont on attribuait (à tort) la prédiction à Marx. **Les crises cycliques ordinaires qui rythmaient la marche des affaires cédaient la place à une crise majeure du système lui-même.** Le modèle classique État libéral et économie de marché semblait frappé à mort. De nombreux intellectuels, convaincus par les faits, se rallièrent alors au marxisme – c'est à cette époque que les services secrets soviétiques recrutent assez largement dans les universités britanniques les plus huppées, ce qui donnera après la seconde guerre mondiale quelques-unes des affaires d'espionnage les plus retentissantes et la matière des premiers romans de John Le Carré. À l'opposé, ceux qui refusent le « communisme » – ou du moins ce qui se présentait sous cette étiquette – prônent une autre forme de révolution dont le fascisme italien et le nazisme allemand fournissent l'exemple.

Fascisme et nazisme, chacun à sa manière, proposent de sauvegarder la propriété capitaliste en poursuivant jusqu'à son terme le processus d'unification esquissé pendant la guerre. Ce qui supposait que soient liquidées non seulement les organisations ouvrières et tout ce qui pouvait paraître « communiste », mais aussi les libertés démocratiques élémentaires. Le nazisme y ajouta sa touche particulière avec les théories raciales et l'entreprise de destruction des

Juifs d'Europe. Les États-Unis d'Amérique sous Roosevelt et la France du Front populaire offraient une troisième solution à la crise ouverte en 1929, en organisant et régulant la marche du capital, en collaborant avec les syndicats et en donnant un rôle clé aux politiques économiques d'inspiration keynésienne conduites par le gouvernement.

Bref, entre le communisme (en fait le système stalinien), les fascismes et l'interventionnisme keynésien, le mode de production capitaliste classique cédait la place à la « bureaucratisation du monde » (l'expression est du révolutionnaire italien Bruno Rizzi) qui, sous des formes diverses, condamnait sans appel l'idée selon laquelle la dynamique économique de l'accumulation du capital suffisait à assurer la paix et la prospérité. Il s'agissait d'entreprises de sauvetage du capitalisme contre lui-même – on peut inclure les expériences de type soviétique dans ces entreprises de sauvetage, car en Russie comme en Chine, le prétendu communisme fut essentiellement un moyen brutal d'aller d'une société arriérée à un nouveau genre de capitalisme. Indirectement et de façon assez imprévue, c'était encore le pronostic de Marx qui s'était réalisé et nullement la preuve de la force de résistance du capitalisme.

Mais encore une fois, **la guerre est apparue comme l'issue fatale des contradictions explosives accumu-**

lées par le développement contradictoire du capitalisme mondial. Une guerre qui a ravagé l'Europe et une partie de l'Asie et qui s'est prolongée par la guerre froide et les multiples conflits souvent dévastateurs auxquels elle a servi d'arrière-plan. La disparition sans gloire des régimes du « socialisme réel » à la fin des années quatre-vingt clôt cet épisode et ouvre une période d'euphorie chez les porte-parole du capital. Marx est mort et la fin de l'histoire est capitaliste. On allait pouvoir revenir au vrai capitalisme, celui de la libre concurrence et du désengagement de l'État. Il n'en a rien été. Les crises, depuis la « bulle » Internet de 2002 jusqu'à la crise des *subprimes*, ont montré que le mode de production capitaliste restait pris dans les contradictions dont Marx avait fait l'analyse. *Marx est de retour* titraient en 2008 de nombreux grands journaux, et *Le Capital* a connu un net regain d'intérêt. L'archevêque de Canterbury, Rowan Williams, peu suspect de sympathies marxistes, estime que « Marx a longtemps observé la façon dont le capitalisme sauvage est devenu une sorte de mythe, attribuant réalité et pouvoir d'agir à des choses qui n'avaient pas de vie en elles-mêmes ; il a raison à ce sujet ». Selon le magazine *Time* du 22 janvier 2009, le spectre de Karl Marx hante le monde « de Washington à Vladivostok ».

République 3 min
Hors Série
CRISE
ET SI MARX
AVAIT
RAISON?
Hors Série
CRISE
ET SI MARX
AVAIT
RAISON?
Hors Série
CRISE
ET SI MARX
AVAIT
RAISON?

9

Pourquoi le mode de production capitaliste est condamné

Les spécialistes de la politique de l'autruche et les menteurs à gages mis à part, tout le monde sait que les mesures de sauvetage prises en catastrophe pour enrayer les conséquences de la crise des *subprimes* n'ont rien résolu. Et la crise est loin d'être seulement une crise financière qu'on pourrait juguler par des mesures de prudence et une régulation loyale du capitalisme. La crise porte sur le système capitaliste lui-même, c'est-à-dire sur la possibilité d'une accumulation illimitée du capital. Si l'économie mondiale risque à tout moment de crouler sous la masse des « produits dérivés » et des capitaux spéculatifs de tous poils, ce n'est pas la faute des mauvais capitalistes, des vilains spéculateurs ou des horribles *traders* (ainsi cette victime expiatoire

83

bien commode que fut Jérôme Kerviel, *trader* à la Société générale). Au contraire, toutes ces formes de spéculation se développent parce que le capital investi dans les activités productives directes trouve de plus en plus de mal à être mis en valeur à un taux de profit suffisant. Les « produits dérivés » consistent à proposer aux investisseurs d'empocher immédiatement des profits dont on espère qu'ils seront effectivement réalisés dans l'avenir. Quelle leçon tirer de cela ? Tout simplement que la folie spéculative est une conséquence logique de l'impératif de l'accumulation illimitée du capital et nullement une perversion ou une maladie d'un système fondamentalement sain. La spéculation détruisant le système productif, voilà qui suffirait à signer l'arrêt de mort du système capitaliste.

Mais il y a bien plus et bien pire. **L'accumulation illimitée du capital est évidemment impossible.** Depuis le XVe siècle, le système capitaliste a étendu son emprise sur tous les continents et dans tous les secteurs de la vie sociale. Les dernières décennies ont vu l'irruption massive des pays de la périphérie au cœur même du système. Au point qu'ils deviennent des concurrents sérieux pour les vieilles puissances impérialistes déclinantes. Après l'Asie, il restera à intégrer complètement l'Afrique, mais l'Antarctique risque fort de ne pas être un champ d'accumulation du

Homo Capitalis Panurgus
XVIIIème siècle - 20??

capital très prolifique ! L'accumulation illimitée, condition de la survie du capitalisme, est incompatible avec la finitude de la planète, de ses ressources et des possibilités qu'ont les humains de l'habiter.

10

Le communisme

Mais ce constat de l'impossibilité du développement illimité de l'accumulation pourrait déboucher seulement sur une condamnation morale du capitalisme et éventuellement sur le recours à des solutions autoritaires, comme celles prônées par certains écologistes qui proposent de considérer les hommes comme des enfants, en les tenant par la peur pour les contraindre à restreindre leurs appétits insatiables. On ne trouvera rien de tel chez Marx, pour qui la condamnation du mode de production capitaliste ne doit pas déboucher sur une régression, mais bien sur un dépassement qui a pour nom *communisme*.

Le nom de *communisme* est très ancien, bien antérieur à Marx, et l'idée est bien plus ancienne encore : il y a chez Platon, dans *La République*, une sorte de communisme paradoxal, un communisme à destination de l'élite, c'est-à-dire les gardiens de la cité. Les premières communautés chrétiennes étaient typiquement des communautés communistes : leurs membres devaient se débarrasser de tous leurs biens et participer complètement à la vie commune.

Avec la naissance du capitalisme sont apparues de nouvelles utopies communistes, des rêves de « partageux », de communautés fraternelles sans inégalités et sans domination. Mais Marx commence par rejeter ce communisme du passé. « Il faut laisser les morts enterrer leurs morts », dit l'Évangile. Le communisme de Marx n'est pas un plan de société génial à mettre en œuvre sous la direction d'« ingénieurs sociaux ». Il est le « mouvement réel » qui se déroule sous nos yeux. Que les partis dits « communistes » soient moribonds quand ils n'ont pas purement et simplement disparu ne change rien à cette réalité : le communisme sort en quelque sorte spontanément du mouvement propre du développement capitaliste.

En premier lieu, le mode de production capitaliste a socialisé la production sur une échelle gigantesque. Les inventions techniques sont évidemment de la plus haute importance, mais ce qui constitue la force productive essentielle qu'a développée le capitalisme, c'est la coopération d'un nombre toujours croissant de producteurs à l'échelle mondiale maintenant. Quand on s'occupe de l'économie

exotérique, celle des économistes et des commentateurs
de la presse financière, l'économie apparaît uniquement
comme le terrain de manœuvres occupé par de farouches

adversaires toujours prêts à en découdre : l'économie serait la continuation de la guerre par d'autres moyens, mais la concurrence à l'échelle mondiale entre toutes les firmes capitalistes recouvre aussi une coopération de plus en plus étroite, au point qu'il est impossible de dire qu'une voiture française est sortie d'une chaîne située en France, tant sont nombreux les composants qui viennent de Chine, du Japon, du Portugal, d'Allemagne ou du Royaume-Uni. Il y a donc un conflit potentiel violent entre cette socialisation croissante du processus productif et le caractère privé de l'appropriation capitaliste.

Posons encore le problème autrement. Comme on l'a dit, l'extension de la production, à un certain stade, ne devient possible que par le développement massif du crédit et du « capital fictif » et par la centralisation des capitaux au moyen des sociétés par actions. Or l'un comme l'autre signent la disparition virtuelle du mode de production capitaliste. Ils aboutissent à la séparation radicale de la propriété du capital et des fonctions occupées par le capitaliste. C'est le manager, salarié des propriétaires du capital, qui remplace le capitaliste pour tout ce qui concerne le travail de surveillance et de direction. Or ce travail présente deux aspects. Pour une part, il est un travail productif, nécessaire dans tout système de production qui demande la coordination des travaux d'un grand nombre d'individus. Pour une autre part, il est étroitement lié à tout mode de production reposant sur l'antagonisme entre les classes sociales dans la mesure où il faut garantir la domination des dominants.

Ainsi, « la production capitaliste est arrivée à un point où le travail de direction, complètement séparé de la propriété du capital, court les rues, si bien que le capitaliste n'a plus besoin de remplir lui-même cette fonction ». Autrement dit, c'est le développement même de la production capitaliste qui a rendu le capitaliste superflu, le transformant en parasite de la production. De cette réalité, les expériences de coopératives ouvrières en apportent la preuve positive. D'où la conclusion : « D'une part, le seul propriétaire de capital, le capitaliste financier, se trouve face à face avec le capitaliste actif et, grâce à l'extension du crédit, le capital monétaire prend un caractère social : il est concentré dans les banques et prêté par celles-ci et non plus directement par ses propriétaires ; d'autre part, le seul directeur, n'étant possesseur du capital à aucun titre – ni comme emprunteur ni autrement – remplit effectivement toutes les fonctions qui reviennent au capitaliste actif en tant que tel. C'est alors que, personnage superflu, le capitaliste disparaît du processus de production et seul subsiste le fonctionnaire. »

LA FONCTION HISTORIQUEMENT PROGRESSISTE DU MODE DE PRODUC-
TION CAPITALISTE EST DONC EN TRAIN DE S'ACHEVER. Tout est prêt
pour la scène finale. Même si la plupart des acteurs obnubilés
par ce qui se passe en surface ne s'en rendent pas compte.

Prenons le problème d'un autre côté encore. Le mode de
production capitaliste repose sur l'extorsion de la plus-value
produite par le travail vivant. Mais d'un autre côté, en se
développant, il développe le machinisme et réduit toujours
plus la part du travail vivant dans la production. Bien
qu'elle rencontre des limites physiques et technologiques
pour certaines peut-être infranchissables, l'automatisation
du processus productif ne cesse de progresser. Il faut tout
à la fois intégrer toujours plus d'ouvriers dans le procès de
production – le capital est le Moloch qui se nourrit du travail
vivant – et, en même temps, il faut économiser toujours plus
le travail humain. Le machinisme réduit le travail nécessaire
tout en exigeant toujours plus de surtravail.

Ainsi la richesse sociale croissante, matérialisée dans
les machines de plus en plus puissantes, se présente face au
travail vivant comme une puissance étrangère, hostile. **Les
découvertes scientifiques et les nouveaux procédés
techniques, loin de soulager la peine des hommes
comme l'avaient cru les penseurs du XVIIe et du
XVIIIe siècle, apparaissent le plus souvent comme de**

véritables calamités que doivent subir les travailleurs :
les uns sont jetés à la rue – et il y aurait beaucoup à dire
sur le chômage structurel du capitalisme contemporain –
pendant que les autres voient leurs cadences augmenter, la
qualification du travail réduite et les moyens de surveillance,
c'est-à-dire la soumission du travailleur au capital, considé-
rablement accrus.

Mais cette opposition entre le « corps » objectif que forme
la production et le travail immédiat, c'est-à-dire la puissance
individuelle du travailleur, est appelée à être surmontée.
Elle est une phase de l'histoire humaine et non une nécessité
éternelle. Ce qui caractérise cette phase historique et donc
transitoire qui est celle du capitalisme, c'est la contradiction
croissante entre la richesse réelle et la valeur. À mesure que
se développent l'automatisation des procédés industriels et
la division du travail, « la richesse réelle dépend moins du
temps de travail et du quantum de travail employé que de la
puissance des agents mis en mouvement au cours du temps
de travail, laquelle à son tour n'a elle-même aucun rapport
avec le temps de travail immédiatement dépensé pour les
produire, mais dépend bien plutôt du niveau général de la
science et du progrès de la technologie, autrement dit de
l'application de cette science à la production ».

Si la valeur d'une marchandise est du temps de travail
coagulé, en même temps la richesse sociale se manifeste

dans l'«extraordinaire disproportion entre le temps de travail utilisé et son produit». La contradiction est ici manifeste : l'abaissement des coûts de production dans toute une série de secteurs a conduit régulièrement à un effondrement des prix (que l'on songe particulièrement aux produits «*high-tech*»), un effondrement qui pousse les industriels à chercher de nouveaux procédés plus efficaces et ainsi à poursuivre une spirale qui ne cesse de réduire la rentabilité à long terme de ces industries. Mais cette baisse des prix (et de la valeur) s'accompagne de l'augmentation de la richesse sociale, conçue sous l'angle des valeurs d'usage, c'est-à-dire des biens dont les individus peuvent user facilement.

La source de cette richesse, c'est l'«individu social» et donc le «vol du temps de travail d'autrui sur lequel repose la richesse actuelle apparaît comme une base misérable comparée à celle, nouvellement développée, qui a été créée par la grande industrie elle-même». Autrement dit, la grande industrie, produit de la coopération et de la socialisation de la production, est en contradiction avec la propriété privée capitaliste qui a pourtant été la base de son développement.

Ce développement de la puissance du travail social rend possible et exige tout à la fois une transformation fondamentale des rapports sociaux. Dès lors que s'écroule la production fondée sur la valeur d'échange – et c'est bien ce qui est la racine de la «crise» endémique actuelle –, «le surtravail de la masse a cessé d'être la condition du développement de la richesse générale» et par conséquent pour les individus s'ouvre la possibilité d'une émancipation radicale : « C'est le libre développement des individualités, où l'on ne réduit pas le temps de travail nécessaire de la société pour poser du surtravail, mais où l'on réduit le travail nécessaire de la société jusqu'à un minimum, à quoi correspond la formation artistique, scientifique, etc., des individus grâce au temps libéré et aux moyens créés par eux tous. »

Ainsi, le mode de production capitaliste a créé les conditions d'une émancipation radicale des individus, possibilité réelle qui ne peut se réaliser qu'en mettant en accord les rapports sociaux et le développement de l'individu social. Cette possibilité, elle s'appelle *communisme*, mais évidemment dans un sens tout différent du communisme traditionnel : loin d'être l'absorption de l'individu dans la collectivité, ce communisme est un communisme «individualiste», en ce sens qu'il vise l'épanouissement de l'individu, qui est à lui-même sa propre fin ; loin des idéaux de frugalité des communismes anciens, il suppose au contraire le développement maximal de la richesse sociale.

ENFIN, SI LE DÉVELOPPEMENT DES RAPPORTS DE PRODUCTION CAPITALISTE CONDUIT À LA CRÉATION D'UN TRAVAILLEUR COLLECTIF ET D'UNE INTELLIGENCE COLLECTIVE, CELUI-CI À SON TOUR REND POSSIBLES L'EXPROPRIATION DES CAPITALISTES ET LE PASSAGE AU COMMUNISME. L'accumulation du capital a fait « de la propriété naine du grand nombre la propriété colossale de quelques-uns », par une « épouvantable expropriation du peuple travailleur ». Cette concentration permet l'application de la science et de la technique à la production à grande échelle et favorise « l'entrelacement des peuples dans le réseau du marché universel ». Mais ce processus est contradictoire : **« Le monopole du capital devient une entrave pour le mode de production qui a grandi et prospéré avec lui et sous ses auspices. La socialisation du travail et la centralisation de ses ressorts matériels arrivent à un point où elles ne peuvent plus tenir dans leur enveloppe capitaliste. Cette enveloppe se brise en éclats. L'heure de la propriété capitaliste a sonné. Les expropriateurs sont à leur tour expropriés. »**

Pourquoi est-ce possible ? Parce que le capitaliste a perdu sa fonction nécessaire dans l'organisation de la production au profit de « fonctionnaires », managers, cadres supérieurs. Le capitaliste devient donc superflu et peut être remplacé par l'« association des producteurs », du directeur à l'ouvrier

d'entretien, association dont les coopératives ouvrières forment l'esquisse, même si, dans l'environnement d'une économie dominée par le mode de production capitaliste, elles ne peuvent rester durablement des îlots de communisme.

11

La pratique

De l'analyse des rapports sociaux, nous voilà arrivés à une perspective historique. Mais ce n'est pas pour autant une philosophie de l'histoire : Marx ne promet pas un avenir radieux qui découlerait presque naturellement du mouvement des concepts. Le capital, le travail, la valeur, etc., tous ces termes qu'on vient de concevoir et de développer ne sont nullement des choses, mais l'expression théorique de rapports sociaux, c'est-à-dire de rapports noués entre des individus vivants. Les catégories économiques ne font rien, l'histoire ne fait rien. Seuls les individus agissent et ils n'agissent pas comme des marionnettes manipulées par des structures qui les dépassent, ils agissent à partir de leurs propres déterminations, de leurs propres sentiments, de leur propre vision subjective de la réalité. Si on veut comprendre quelque chose à ce que Marx a tenté de penser, il faut toujours revenir là. On dit habituellement – c'est comme cela qu'on présente le marxisme et que les marxistes très souvent se présentent eux-mêmes – que Marx est un matérialiste parce que pour lui l'économie déterminerait la vie sociale et la vie de l'esprit. Mais il n'en est rien. L'économie, pensée à travers les catégories de l'économie, n'est rien de spécialement matériel. Rien n'est moins matériel que l'argent. La « base matérielle », s'il faut parler ainsi, c'est l'activité pratique des individus qui agissent en relation avec d'autres individus et qui agissent d'abord pour continuer d'exister en tant qu'êtres vivants, ce qui suppose de se nourrir, de se vêtir, et quelques autres choses encore…

SI ON REVIENT MAINTENANT À NOTRE HISTOIRE DU CAPITALISME, ON COMPREND DU MÊME COUP QU'IL NE PEUT PAS DISPARAÎTRE DE LUI-MÊME, victime de ses contradictions internes. L'évolution propre du mode de production capitaliste ouvre des possibles, mais n'assure nullement un dénouement nécessaire de cette histoire. Les possibles ne peuvent se réaliser que si la grande masse des individus en fait son objectif, le sens de ses actions. Les hommes font leur propre histoire, même si c'est dans des conditions qu'ils n'ont pas choisies. Mais cette histoire, ils ne la font pas à partir de plans préétablis, ni d'une « conscience théorique », qui feraient d'eux les agents conscients de la « nécessité historique ».

«Les philosophes n'ont fait qu'interpréter diversement le monde,
il s'agit maintenant de le transformer.» (Karl Marx)

On peut congédier sans remords la providence ! On peut aussi renoncer une bonne fois pour toutes au « grand soir ». Aucun sauveur suprême (ni Dieu, ni César, ni tribun, dit la chanson), aucun de ces multiples chefs, petits ou grands, qui se prétendent les porte-parole du mouvement révolutionnaire, ne doit être attendu. Ni eschatologie, ni messianisme. Si le communisme est dans le mouvement réel, il est dans ceux qui, par l'action collective, se battent concrètement pour abolir la concurrence que les ouvriers se font pour vendre leur force de travail (ce que Marx appelle proprement le salariat). Le mouvement réel est dans ces associations partielles qui permettent à « ceux d'en bas de résister », dans ceux qui veulent échapper au carcan de l'entreprise capitaliste en explorant des voies alternatives, et dans toutes les initiatives concrètes pour organiser ici et maintenant la transformation sociale, dans les modes de production, dans la distribution, dans l'action culturelle.

L'activité pratique par laquelle les hommes se transforment eux-mêmes, les Grecs appelaient cela *praxis*, un terme que Marx reprend à son compte. La pensée de Marx est donc bien une « philosophie de la praxis » et c'est cela la clé de son communisme si singulier.

Table des matières